Das schwarze Malbuch

Weiße Motive auf schwarzem Hintergrund
für Anfänger und Fortgeschrittene
Ausmalbuch für Erwachsene

Heike Langenkamp

Copyright © 2016 Heike Langenkamp
1. Auflage 2016
Veröffentlicht durch V-E-T Verlag, Agentur & Digitales

Zeichnungen und Layout::
Heike Langenkamp
http://dieimwaldlebt.de
Printed in Germany
by Amazon Distribution GmbH, Leipzig
ISBN-13: 978-1534789111
ISBN-10: 1534789111

Das schwarze Malbuch

Weiße Motive auf schwarzem Hintergrund
für Anfänger und Fortgeschrittene

Ausmalbuch für Erwachsene

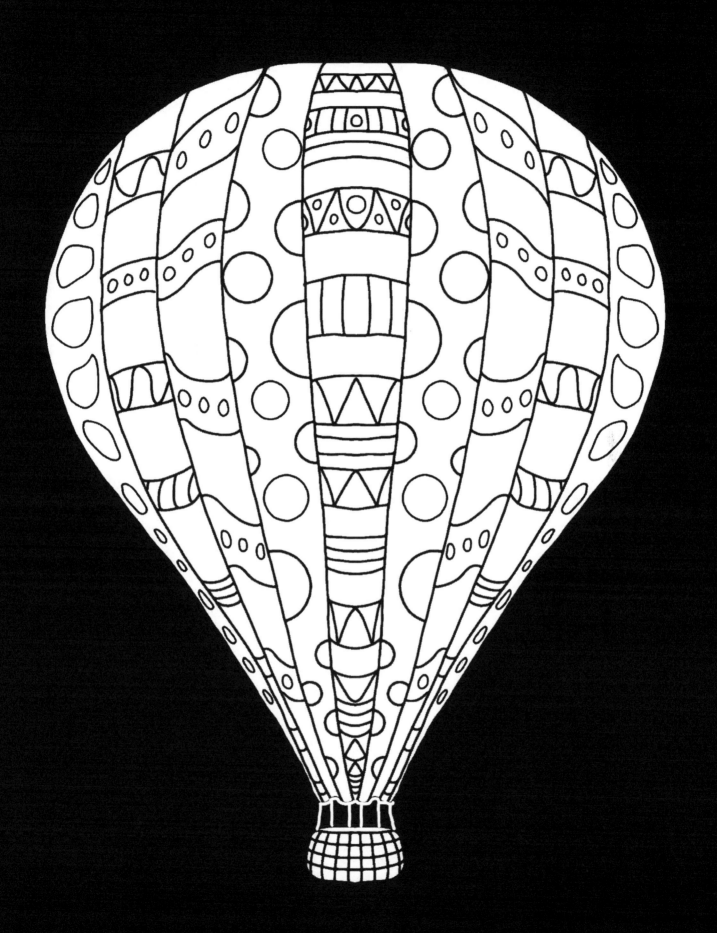